LES MONSIEUR MADAME sont capables de tout

LES MONSIEUR MADAME sont capables de tout

Roger Hargreaves

hachette
JEUNESSE

Voici monsieur Costaud.
Comme tu le sais sûrement, monsieur Costaud est vraiment très costaud.

Es-tu capable de porter une voiture ?
Bien sûr que non ! Monsieur Costaud, lui, en est tout à fait capable.
Il peut porter une voiture à bout de bras.

Es-tu capable de soulever un train ?
Monsieur Costaud, oui.
Il peut soulever un train avec son petit doigt.
Incroyable !

Monsieur Costaud est capable de faire beaucoup de choses.
Mais il y a une chose que monsieur Costaud n'arrive pas à faire.
Il n'arrive pas à jouer d'un instrument de musique, contrairement à ses amis.

Par exemple, monsieur Chatouille
est un excellent joueur de piano.

Mais, quand monsieur Costaud essaie de jouer
du piano, ses bras semblent trop courts.
Et s'il se rapproche du clavier, il se met à jouer
si vigoureusement qu'il casse toutes les touches !

Madame Bonheur joue de la guitare
comme une rock star !

ROCK
STAR

Monsieur Costaud, lui, fait sauter toutes les cordes de sa guitare dès la première note !

Monsieur Maigre sait très bien jouer de la flûte.

Dès que monsieur Costaud s'empare d'une flûte,
il la plie en deux !

« Oh ! là, là ! Être costaud, c'est parfait pour porter des voitures et soulever des trains. Mais, ce n'est pas une bonne chose du tout pour jouer d'un instrument » se dit monsieur Costaud.

Très contrarié, monsieur Costaud marche lentement vers le parc.

« Et si j'étais incapable de jouer d'un instrument ? » se demande-t-il tristement. « Je n'ai plus envie d'être costaud ! »

Monsieur Costaud s'assied. Il s'assied si énergiquement qu'il casse le banc. Oups !

– Non, non et non ! s'écrie monsieur Costaud. Je n'ai plus du tout envie d'être costaud !

– Pour quelle raison ? l'interroge une voix.

C'est monsieur Heureux !
– Pourquoi ne voulez-vous plus être costaud ? demande monsieur Heureux.
Monsieur Costaud regarde ses pieds.
– Eh bien, j'aimerais tellement jouer d'un instrument de musique, répond-il doucement. Mais, je ne sais ni jouer du piano, ni jouer de la guitare, ni jouer de la flûte. Je suis très mauvais et je casse toujours les instruments. Je ne peux rien faire !

– C'est faux ! s'exclame monsieur Heureux. Vous êtes capable de tout ! Vous jouez peut-être mal du piano, mais vous êtes le seul à pouvoir en déplacer un.
– Je suppose, oui… répond monsieur Costaud en relevant la tête.
– Et il vous arrive de casser des choses, poursuit monsieur Heureux, mais vous êtes aussi capable de les réparer !
– Oui, en effet… dit monsieur Costaud.
– Et savez-vous de quoi vous êtes également capable ? continue monsieur Heureux.
– Vous êtes capable de continuer à essayer ! J'ai une idée…

Monsieur Heureux et monsieur Costaud marchent jusqu'à Trembleville.
Rapidement, ils montent, montent, montent une colline jusqu'à une maison.
Qui habite ici selon toi ?

– BONJOUR ! rugit une voix.
C'est monsieur Bruit !

– Bonjour monsieur Bruit, dit joyeusement monsieur Heureux. J'ai entendu dire que vous souhaitiez vendre votre batterie.

– OUI, répondit monsieur Bruit. LA BATTERIE C'EST TROP DISCRET ! J'AIME FAIRE LE DJ MAINTENANT.

Monsieur Bruit les emmène voir sa batterie.
– Je ne sais pas si je suis capable de jouer de la batterie, dit monsieur Costaud timidement.
– Vous pouvez essayer, l'encourage monsieur Heureux.
Alors, monsieur Costaud frappe une caisse, puis une autre, et... CRAC ! Sa baguette se brise ! Monsieur Costaud baisse tristement les yeux. Monsieur Bruit éclate de rire si fort que la maison tremble.
– HA HA HA ! MOI AUSSI, JE CASSE DES BAGUETTES. PRENEZ-EN UNE AUTRE ET CONTINUEZ !
Alors, monsieur Costaud frappe les caisses et les cymbales encore, et encore et encore. Puis il se passe quelque chose d'étonnant : monsieur Costaud sourit !
– He he he, dit-il, j'aime jouer de la batterie.

Aujourd'hui, monsieur Costaud n'est pas le meilleur batteur du monde.
Ses voisins peuvent t'en parler !
Mais monsieur Costaud s'en moque. Il est capable de porter une voiture et de soulever un train.
Il sait faire beaucoup de choses.
Quand il joue de la batterie, il aime simplement continuer à essayer.
Monsieur Costaud ne s'inquiète pas quand il casse ses baguettes.
Et le fabricant de baguettes n'est pas inquiet non plus.

C'est la 329e paire de baguettes qu'il a vendue
à monsieur Costaud cette semaine.

Tous les Monsieur Madame sont capables de faire de grandes choses. Et chacun peut trouver certaines choses difficiles et d'autres moins. Mais nous devons tous croire en nous-mêmes, faire de notre mieux et nous amuser !

RÉUNIS VITE LA COLLECTION ENTIÈRE

DES **MONSIEUR MADAME**

Édité par Hachette Livre, 58 rue Jean Bleuzen 92178 Vanves Cedex.
Dépôt légal : janvier 2022.
Loi n° 49-956 du 16 juillet 1949 sur les publications destinées à la jeunesse.
Maquette : Le chalet graphique.
Achevé d'imprimer par Rotolito Romania en Roumanie..